깜놀주의! 생물인 정브르의 신기한 파충류 도감

Copyright ⓒ 2019 by Vega Books, Co.

이 책은 저작권법에 따라 보호받는 저작물이므로
무단전재와 무단복제를 금지하며,
이 책 내용의 전부 또는 일부를 이용하려면
반드시 베가북스의 서면동의를 받아야 합니다.

정브르 인사말

"파충류만의 신기한 매력에 푹 빠져보세요."

안녕하세요. 생물인 유튜버 이정현(정브르)이라고 합니다. 도마뱀, 거북, 뱀 등 파충류를 모르는 사람은 없을 테지만, 그 파충류를 집에서 애완동물로 기른다고 생각하면 생소하게 느낄지도 몰라요. 파충류라는 동물은 익숙하긴 해도, 무섭거나 징그럽다고 생각하는 경우가 종종 있으니까요.

세상에는 우리가 흔히 알고 있는 파충류 중에도 정말 신기한 종류가 많고, 요즘은 그 파충류만의 매력에 빠져 반려동물로 키우는 사람들이 점점 늘고 있답니다. 알고 보면 정말 귀엽고, 멋지고, 예쁜 파충류가 얼마나 많은지 몰라요.

그래서 파충류의 매력을 널리 알리고자, 책으로 배운 것이 아닌 직접 몸소 키워보고 느낀 노하우대로 글을 써보았는데, 어쩌면 다른 책과 자료나 수치가 맞지 않는 것이 있을지도 몰라요. 그래도 우리 여러분들은 제 책을 읽고 배우시는 게 많았으면 좋겠습니다.

저는 어릴 적부터 생물을 많이 좋아했기 때문에 관련 사업도 시작하게 되었습니다. 그렇게 많은 생물들을 다루면서 느낀 점은, 생물은 작은 관심과 세심한 관리를 해주어야 본래의 수명과 번식을 출중하게 이뤄낼 수 있다는 것이었습니다.

저와 같은 것들을 보고 느끼고 싶으시다면 책을 정말 잘 고르신 거예요. 브르와 함께 파충류의 세계로 빠져보시죠~!

2019년 8월 정브르

등장인물 소개

정브르

모든 동물과 식물, 즉 모든 생물을 좋아하는 생물인. 아무리 징그럽고 무섭게 보여도 조금만 지나면 모두 사랑스러운 생물로 보인다는 사육의 고수. 독자와 만날 때, 독자에게 이야기할 때만큼은 장난꾸러기 같은 사슴벌레 가면을 벗고 진짜 얼굴로 마주하는 진지한 성격이다. 파충류인 레온, 환형동물인 렁이와 함께 다양한 희귀 동물의 사육 세계로 안내하는 길잡이다.

레온

갑자기 어디선가 불쑥 나타나는 길쭉한 혀. 정브르가 키우는 개미며 밀웜 등을 먹어치우는 바람에 미움을 독차지하지만 마음만은 따뜻한 비어디 드래곤.

렁이

성은 지 씨요, 이름은 렁이~! 가끔은 자신이 사람인 줄 착각하기도 하는 환형동물이다. 겁 많고 소심하지만, 호기심도 많아 정브르의 동물 친구들을 무척 좋아한다.

목차

지은이 인사말 … 04
등장인물 소개 … 05
파충류 사육에 필요한 것들 … 08

CHAPTER 1. 가장 사랑받는 도마뱀 … 10

1. 도마뱀붙이 … 16
- 표범도마뱀붙이 … 18
- 정브르의 레오파드 게코 키우기 … 30
- 눈썹도마뱀붙이 … 40
- 정브르의 크레스티드 게코 키우기 … 42
- 살찐꼬리도마뱀붙이 … 48
- 비슷한 듯 달라요! 레오파드 게코 VS 팻테일 게코 … 50
- 정브르의 팻테일 게코 키우기 … 52
- 기타 도마뱀붙이 … 56
- 정브르의 여러 가지 게코 키우기 … 70

2. 도마뱀 … 74
- 사바나모니터 … 74
- 도마뱀의 왕! 코모도왕도마뱀 … 78
- 아르헨티나테구 … 80
- 정브르의 사바나모니터 키우기 … 84
- 비어디 드래곤 … 88

- 정브르의 비어디 드래곤 키우기 … 94
- 스킨크 … 98
- 정브르의 스킨크 키우기 … 108
- 카멜레온 … 112
- 정브르의 카멜레온 키우기 … 122
- 이구아나 … 126

CHAPTER 2. 가장 사랑받는 거북 134

육지거북 … 141
- 레오파드 육지거북 … 142
- 체리헤드 레드풋 육지거북 … 144
- 동헤르만 육지거북 … 146
- 마지나타 육지거북 … 148
- 호스필드 육지거북 … 150
- 육지거북 크기 비교! … 152
- 정브르의 육지거북 키우기 … 154

CHAPTER 3. 가장 사랑받는 뱀 162

뱀 … 164
- 콘스네이크 … 167
- 정브르의 콘스네이크 & 킹스네이크 키우기 … 178
- 킹스네이크 … 182
- 볼파이톤 … 188
- 나뭇잎인 줄 알았지? 그린트리 파이톤 … 192
- 이름은 비슷하지만 서로 달라요! 콘스네이크 VS 킹스네이크 … 194
- 정브르의 볼파이톤 & 그린트리 파이톤 키우기 … 196

파충류 사육에 필요한 것들

> 일단 레오파드 게코 사육 방법 기준으로 정리해봤어요. 기본적으로 필요한 것들은 비슷하지만, 파충류의 종류에 따라 조금씩 달라져요.

사육 통

낮고 넓으며 환기가 잘 되는 사육 통을 준비해요.
개체의 크기에 따라 필요한 사육 통의 크기도 달라져요.

미니 전기장판

파충류는 주변의 온도에 따라 체온이 달라지기 때문에 더우면 시원한 곳으로, 시원하면 더운 곳으로 움직여요. 따뜻하게 잘 수 있는 곳을 만들어주기 위해 전기장판을 사용해요.

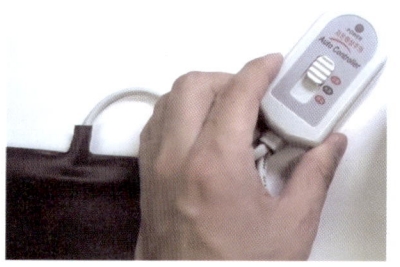

은신처

파충류에게 몸을 숨길 수 있는 은신처를 만들어주면 그 안에서 잠을 자거나, 허물을 벗기도 하고 알을 낳기도 한답니다. 코코넛 껍질 같은 건식 은신처와, 통 안에 코코피트를 깔아 물을 뿌린 습식 은신처가 있어요.

코코피트

코코넛의 껍질에서 섬유질을 제거하고 만든 흙으로, 습식 은신처 안에 깔아줘요.

웜디쉬
밀웜 등을 담아 먹이 그릇으로 사용해요.

물그릇
파충류가 늘 신선한 물을 마실 수 있게 물그릇을 되도록 하루에 한 번씩 씻어주고, 물을 자주 채워줘야 해요.

밀웜
갈색거저리라는 곤충의 애벌레로, 육식을 하는 파충류의 먹이로 많이 쓰여요.

귀뚜라미
귀뚜라미는 야생에서도 잡을 수 있는 곤충이지만, 기생충 같은 게 있을 수 있으니 전문 매장에서 사온 귀뚜라미를 먹이는 게 좋아요.

영양제
가루 형태로 되어 있는 영양제를 먹이 그릇에 뿌려주어 먹이만으로는 부족할 수 있는 영양소를 채워줘요.

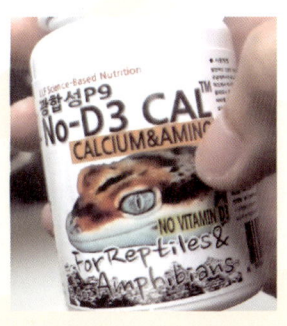

핀셋
밀웜이나 귀뚜라미 등의 먹이를 줄 때 핀셋을 이용해요.

정브르가 알려주는 토막상식 1

파충류가 뭐예요?

파충류는 도마뱀, 뱀, 거북, 악어처럼 피부가 각질로 덮여 있어 몸 안의 수분이 밖으로 빠져 나가지 않기 때문에 사막 같은 건조한 지역에서도 살 수 있는 동물을 말해요. 그리고 몸의 온도가 외부환경에 따라 변하는 변온동물이기 때문에 추운 걸 싫어하고 따뜻한 걸 좋아해요. 물고기 등의 어류나 개구리 같은 양서류도 변온동물이에요. 추운 겨울에 겨울잠을 자는 것도 이런 이유 때문이죠.

파충류의 조상은 뭔가요?

파충류는 인간이 포함된 포유류와 날개를 가진 조류의 어머니 같은 존재예요. 파충류가 진화해서 포유류가 되고 조류가 된 것이죠. 이런 파충류가 처음 생겨난 것은 지금으로부터 3억 년 전, 양서류와 파충류의 중간 형태쯤 되는 세이무리아에서 갈라져 나온 것으로 학자들은 보고 있어요. 파충류가 한창 번성할 시기인 중생대 때는 몸길이가 30m에 몸무게가 무려 50t에 달할 정도로 덩치가 컸어요. 그렇게 1억 5천만 년 정도를 살다가 갑자기 현재와 같은 형태로 쇠퇴하였답니다.

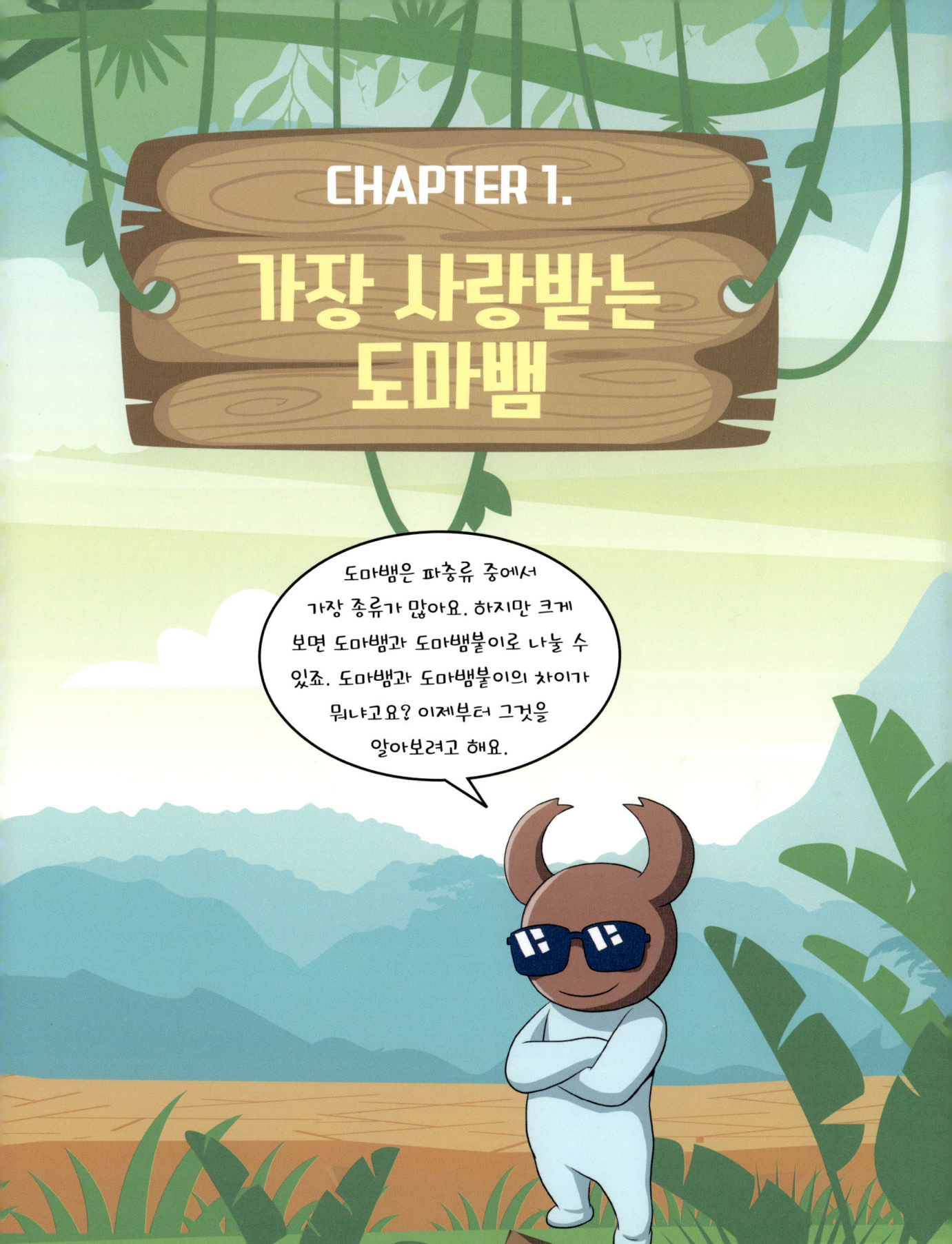

도마뱀

눈
낮에 먹이 사냥을 하는 주행성 도마뱀은 대부분 눈꺼풀을 가지고 있으며, 야행성 도마뱀은 눈동자가 세로로 길어요. 시력이 좋아서 멀리 있는 것도 잘 보아요.

소리를 내는 발성 기관이 발달하지 않아서 청각 기능은 약해요.

코
냄새도 잘 맡아서 먹이 사냥을 할 때나 짝짓기할 상대를 찾을 때 후각을 이용한답니다. 코모도왕도마뱀은 최대 10km 밖에 있는 고기 냄새도 맡을 수 있다고 해요.

▲ 중앙턱수염도마뱀

꼬리

대부분 도마뱀은 스스로 꼬리를 잘라낼 수 있어요.
천적들에게 잡히거나 했을 때 도망치기 위해서죠.
이것을 자절, 자할이라고 해요. 잘라낸 꼬리는 다시 자라는데
여러 번 반복할 수 있는 것은 아니고 평생 딱 한 번이에요.
물론 꼬리가 끊기면 다시 자라지 않는 도마뱀도 있어요.

먹이

주로 곤충이나 지렁이, 노래기 같은 벌레를 잡아먹고 살며, 왕도마뱀 종류처럼 큰 것들은 큰 동물을 잡아먹기도 해요.

▲ 노래기

다리

도마뱀은 다리가 짧아서 느릴 것 같지만
척추를 이용해 다리와 어깨를 함께 움직일 수
있기 때문에 무척 빨리 달릴 수 있답니다. 특히
바실리스크도마뱀은 물 위도 달릴 수 있어요.
반면 무족도마뱀이나 장님도마뱀 같은 것들은
다리가 아주 작거나 없기도 해요.
도마뱀은 벽에 붙을 수 없어요.

몸길이

보통 10cm 정도예요. 하지만 왕도마뱀 종류처럼 몇 미터 정도까지 큰 것들도 있어요.

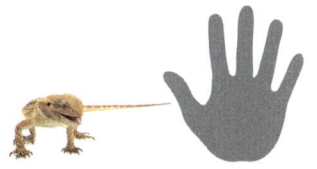

도마뱀붙이

꼬리

도마뱀과 마찬가지로 꼬리를 끊어 내도 금방 다시 자라는 종류도 있고, 한 번 끊기면 다시 자라지 않는 종류도 있답니다. 크레스티드 게코(눈썹도마뱀붙이) 같은 경우에는 한 번 절단되면 다시는 자라지 않아요.

몸길이

꼬리까지 합쳐서 평균적으로 13~20cm 정도로 성장합니다.

정브르의 아하! 그렇구나~

판데르 발스 힘

판데르 발스 힘(van der Waals force)은 분자 간 상호작용의 일종으로 전기적으로 중성인 분자들이 아주 가까운 거리에 있을 때 서로 잡아당기는 힘을 말합니다.

눈
눈꺼풀이 없어요. 대신 뱀처럼 눈을 보호해주는 막이 있지요.

발성기관이 발달하여 종에 따라 다양한 소리를 내요. 청각도 발달했어요.

먹이

주로 곤충이나 거미 등을 잡아먹고 살아요. 일본에서는 사람들에게 해로운 곤충을 잡아먹으며 집을 지켜준다는 의미로 '야모리'라고 부르기도 해요.

귀여워보이지만 사냥할 땐 무서워요!

다리
모든 도마뱀붙이가 그런 것은 아니지만 일부 종은 벽에 붙을 수 있는 발바닥을 가지고 있어요. 길고 납작한 발톱 밑면이 작은 판으로 되어 있고, 거기에 돌기가 나 있어서 벽이나 온갖 물체에 달라붙을 수 있는 거예요.

1. 도마뱀붙이

도마뱀붙이, 즉 게코는 주로 표범도마뱀붙이, 눈썹도마뱀붙이, 살찐꼬리도마뱀붙이로 나뉘어요. 물론 이밖에도 더 많지만, 사람들에게 인기 있는 대표적인 게코가 이들이에요. 이 게코는 다시 색상이나 무늬, 눈의 모양 등으로 종류를 구분하는데 그것을 모프(morph)라고 해요. 모프는 '변한다'는 뜻의 영어인데, 게코의 경우는 같은 종 내에서 발생하는 다른 형태, 또는 다른 형태를 한 개체를 가리킵니다. 당연히 모프의 종류는 무수히 많을 수밖에 없답니다.

여기서 잠깐!

도마뱀붙이는 주로 밤에 활동하는 야행성이며 영어로 게코(Gecko)라고 하는데 이것은 도마뱀붙이가 밤에 울 때 '게코, 게코' 하고 소리를 내는 것처럼 들려서 지은 이름이에요. 그리고 '붙이' 라는 말이 붙은 이유는 도마뱀붙이가 벽 같은 곳에 잘 붙어서 그런 게 아니라, 쇠붙이나 살붙이처럼 비슷한 종류를 통틀어 부를 때 쓰는 의미로 '붙이' 가 붙은 거예요. 즉 도마뱀 비슷한 종류라고 해서 도마뱀붙이인 거죠.

사육할 때는 도마뱀붙이보다 게코라는 이름을 더 많이 사용하기 때문에 여기서도 도마뱀붙이는 게코라고 부르도록 할게요.

▲ 표범도마뱀붙이의 이니그마 모프.

표범도마뱀붙이

안녕! 내 이름은 영어로는 *레오파드 게코(Leopard Gecko)라고 해. '레오파드'가 '표범'이라는 뜻인데, **표범 무늬처럼 얼룩덜룩한 점**들로 이루어져 있기 때문이야. 사육하는 사람들끼리는 줄여서 **'레게'**라고 불러.

난 원래 **파키스탄**이나 **인도** 같은 **덥고 건조한 초원**에서 살았어. 그래서 흙먼지 바람을 피하려고 **눈꺼풀**이 생겨났고, 굳이 나무나 벽을 탈 이유도 없기 때문에 **흡착판은 퇴화**, 발톱만 남게 되었지. 난 다른 게코와 마찬가지로 밤에 주로 활동하는 **야행성**이야. **온순한 성격**을 가지고 있어서 사람들이 가장 사육하고 싶어 하는 게코란다. **수명은 10년 정도, 2년쯤** 지나면 다 큰 **성체**가 돼. 대부분의 게코는 **꼬리**가 통통한데 거기에 **영양분을 비축한 지방 덩어리**가 있어서 그렇단다.

*정확한 발음은 '레퍼드'이지만, 여기에서는 사육하는 사람들 사이에서 많이 알려진 '레오파드'로 소개할게요.

레오파드 게코의 모프 알아보기

레오파드 게코는 모프도 다른 게코들보다 훨씬 많아요. 그런 만큼 이 모프에 따라 개체의 가격도 결정되죠. 모프의 계열은 크게 나누면 다음과 같아요.

노멀 계열의 모프 노란색에 검정 점박이가 있는 모프예요.
디아블로 블랑코 계열의 모프 온몸이 하얀 모프예요.
알비노 패턴리스 계열의 모프 몸이 노란 모프예요.
슈퍼 스노 계열의 모프 흰 몸에 점박이가 있는 모프예요.

귀여움 ★★★
멋짐 ★★★
강인함 ★
크기 ★

▲ 알비노

또는 좀 더 세분화하면 다음과 같이 분류할 수도 있어요.

야생 계열의 모프 야생의 게코를 말해요. 대표적인 것으로 카본이 있어요.

노멀 계열의 모프 가장 일반적인 레오파드 게코예요.
노멀, 하이 옐로, 레몬 프로스트 등이 있어요.

스노 계열의 모프 맥 스노, 젬 스노, 터그 스노, 슈퍼 스노 등이 있어요.

귀여움 ★★★
멋짐 ★★★
강인함 ★
크기 ★

귀여움 ★★★
멋짐 ★★★★
강인함 ★
크기 ★

▲ 맥 슈퍼 스노

블리저드 계열의 모프 온몸이 하얀 발색의 모프예요. 블리저드, 블레이징 블리저드, 디아블로 블랑코, 슈퍼 디아블로 블랑코 등이 있어요.

블리저드

귀여움 ★★★★
멋짐 ★★★★
강인함 ★
크기 ★

탠저린 계열의 모프 감귤 색깔을 탠저린(tangerine)이라고 해요. 탠저린, 하이포 탠저린, 슈퍼 하이포 탠저린, 슈퍼 하이포 탠저린 발디, 아프간 탠저린, 토네이도, 일렉트릭, 파이어폭스, 파이어스톰, 블러드 등이 있어요.

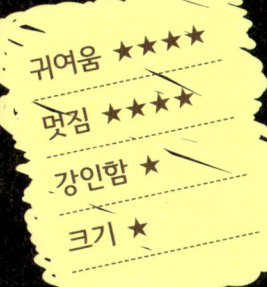

탠저린

▲ 벨 알비노

귀여움 ★★★
멋짐 ★★★
강인함 ★
크기 ★

깁니다. 슈하탠에서 머리에도 검은 점이 거의 없으면 슈하탠 발디, 꼬리에 주황색이 들어가 있으면 캐럿테일(당근꼬리)이라고 해요. 즉 머리까지 포함해 몸 전체의 색깔이 오렌지색이면 슈하탠 캐럿테일 발디(SHTCTB)인 거죠.

귀여움 ★★★★
멋짐 ★★★★★
강인함 ★
크기 ★

슈하탠

슈퍼 하이포 탠저린. 하이포는 하이포멜라니스틱(Hypomelanistic)의 줄임말로, 레오파드 게코의 몸통에 있는 검은 점박이가 거의 없는 모프를 슈퍼 하이포라고 합니다. 탠저린은 오렌지색의 게코를 말하므로 슈하탠은 검은 점이 없는 오렌지색의 레오파드 게코를 가리

알비노 계열의 모프 유전적으로 검은색이 사라지고 거의 흰색으로 발현되는 것을 알비노라고 해요. 트렘퍼 알비노, 레인워터 알비노, 벨 알비노 등이 있어요.

스트라이프 계열의 모프 스트라이프는 '줄'을 말해요. 볼드 스트라이프, 레드 스트라이프, *라벤더 스트라이프, 정글 스트라이프 등이 있어요.

*연보라색 또는 연자주색을 말하며, 영어로는 '래번더'라고 발음해요.

▲ 벨 알비노

이렇게 온도를 설정하면 한쪽은 쿨 존, 한쪽은 핫 존으로 자연스럽게 나뉘게 됩니다. 그다음에는 핫 존 자리에 코코넛 은신처를 세팅해주시고요.

이어서 쿨 존에 습식 은신처와 먹이 그릇, 또는 물그릇까지 세팅하시면 사육 세팅 끝입니다.

그리고 코코피트는 어디에 쓰나요, 하고 물어보면서 코코피트를 바닥에 붓는 분들이 계시는데요,

숙-

그러면 안 되고요. 코코피트는 습식 은신처 안에 반 정도 깔아주시면 됩니다. 이때 너무 낮게 깔아주면 다시 나오기가 힘드니까 코코피트의 높이를 좀 높여 주시는 게 좋습니다.

이거는 기본적인 칼슘 영양제인데, 이것뿐만 아니라 다양한 영양제들이 있어요.

이 분말가루로 되어있는 영양제를 먹이 그릇에 뿌려줘야 해요.

이렇게 뿌려준 다음에 밀웜을 4마리에서 5마리를 넣어주시면 되고요.

게코의 크기에 따라 먹이 크기도 결정해주시면 됩니다. 이렇게 세팅이 모두 끝났으니 여기에 레오파드 게코를 넣어보도록 할게요.

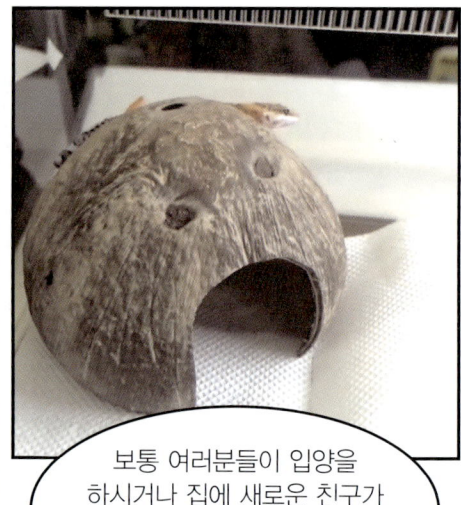

꼬리를 이렇게 올리는 게 경계한다는 신호거든요.

스윽-

보통 여러분들이 입양을 하시거나 집에 새로운 친구가 오면 하루 정도는 그냥 잠만 재우는 게 좋습니다.

물 주고 재우고, 물 주고 재우고, 이런 식으로요. 그렇게 시간이 지나면 이 먹이 그릇에 있는 먹이를 알아서 잘 챙겨 먹을 거고요.

정말 주의해야 할 것은 바닥의 온도를 잘 맞춰주는 거예요. 이렇게 온도와 습도를 맞춰주면 자연스럽게 먹이를 먹을 겁니다.

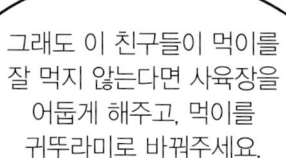

그래도 이 친구들이 먹이를 잘 먹지 않는다면 사육장을 어둡게 해주고, 먹이를 귀뚜라미로 바꿔주세요.

이 코코넛 은신처는 건식 은신처예요.

눈썹도마뱀붙이

내 이름은 영어로는 **크레스티드 게코(Crested gecko)**라고 하는데, '크레스티드'는 닭 머리에 있는 벼슬처럼 **'볏이 있다'**는 뜻이야. 실제로 내게 벼슬이 있는 것은 아니지만 눈 근처에 있는 모습 때문에 우리말로는 **눈썹도마뱀붙이**라고 부르고 있어. 줄여서 '크레'라고도 불리지.

원래 나는 **남서 태평양 누벨칼레도니섬**에 서식하는 종이었는데, 야생에서 멸종된 것으로 알려졌다가 1994년 다시 발견되어 이제는 레오파드 게코 다음으로 인기쟁이가 되었지! 나는 눈꺼풀이 없는 대신 **눈을 덮는 투명한 막**이 있어. 그래서 눈이 건조됐다거나 이물질이 묻어 있을 때 **혀를 이용해 닦아내.** 다른 게코들처럼 벽에도 붙을 수 있지만 **꼬리는 한 번 끊어지면 다시 자라지 않아!** 나를 키울 때 꼬리를 특히 조심해야 하는 이유가 바로 이거야.

크레스티드 게코의 모프 알아보기

사육할 때 인기 있는 크레스티드 게코의 모프는 다음과 같아요.

크레스티드 게코는 혀를 이용해 눈을 닦아요.

레드 패턴리스(바이컬러)
온몸에 아무런 패턴이 없이 깔끔하고 등과 몸 전체의 색깔이 달라요.

파이볼드 세상에 하나밖에 없는 모프. 근친교배로 인한 돌연변이로, 거의 4천만 원 정도에 거래됐다는 소문이 있어요.

크림시클 오렌지와 크림색이 아름답게 조화를 이룬 모프예요.

슈퍼 달마시안 잉크자국처럼 큰 점이 있어요.

올리브그린 초록색은 크레스티드 게코에게서는 거의 볼 수 없는 색깔이에요. 초록색을 내기 위해서는 노란색과 파란색이 있어야 하는데, 크레스티드 게코에게는 파란 색소가 없기 때문이에요.

문글로우 패턴리스 모프 중 새하얀 개체를 말해요.

그 외 **블랙**, **그레이**, **릴리화이트**, **핑크** 등이 있어요.

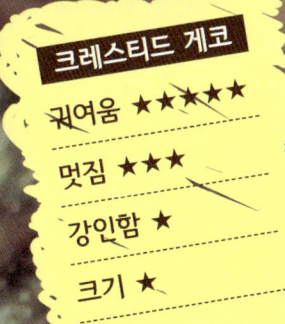

크레스티드 게코
- 귀여움 ★★★★★
- 멋짐 ★★★
- 강인함 ★
- 크기 ★

정브르의 크레스티드 게코 키우기

오늘은 인기 사육 게코 TOP3 가운데 여러분에게 추천하고 싶은 게코를 소개해드릴 건데요. 제가 무려 3백만 원 주고 분양한 개체가 있어요. 그 친구를 먼저 보여드리고 아기들을 하나하나 보여드리면서 사육 세팅 방법, 사육 방법, 먹이 먹이는 방법에 대해서 알려드리도록 하겠습니다.

굉장히 귀엽게 생긴 이 친구가 바로 크레스티드 게코, 릴리화이트 모프고요.

나 얼굴에 김 묻었어?

얼굴도 참 잘생겼죠. 어쨌거나 여러분이 처음 입문하여 쉽게 사육할 수 있는 게코랍니다.

잘생김

짜잔~

바로 여기 있는 친구들이 크레 아기들입니다. 보통은 베이비라고 부르는데, 이렇게 작을 때부터 키우는 게 재미있어요.

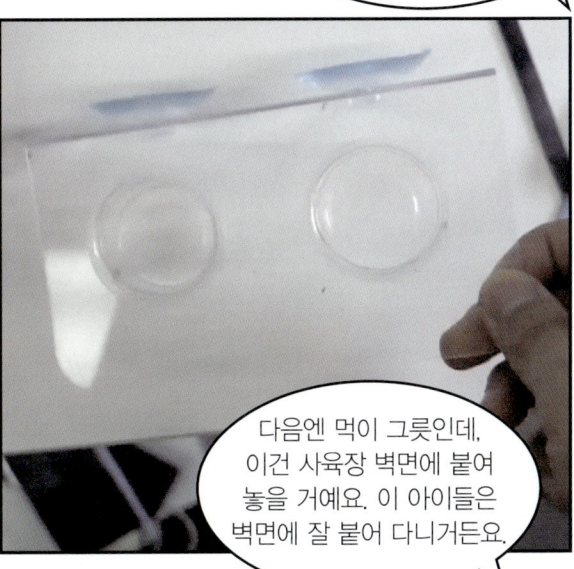

그리고 이건 영양제고요.

이건 슈퍼푸드라고, 5대 영양소가 다 들어 있는 먹이예요.

자연에서의 나무 위와 느낌을 주기 위해 나뭇가지나 덩굴 비슷한 정글바인을 씁니다. 이 정글바인에 꼬리를 휘감아서 균형도 잡고 꼬리 운동하기도 합니다.

먹이를 떠먹여 주기도 하는 스푼이 있어야 해요.

이와 같은 준비물들은 반드시 필요한 것은 아니에요. 여러분들 주변 환경이나 사정에 맞게, 또는 취향에 맞게 꾸며주시기만 하면 돼요. 이제 세팅을 해보도록 하겠습니다. 저는 바닥재로 키친타월을 좋아해요.

커억

먹이 그릇 두 개 중 한 군데에는 칼슘가루와 밀웜, 귀뚜라미를 넣어주면 되고 다른 한 곳에는 슈퍼푸드를 넣어주면 돼요.

저는 두 가지 모두를 넣어주는 걸 선호하지만, 곤충이나 벌레를 싫어하시는 분은 슈퍼푸드만 넣어주셔도 돼요.

그럼 제가 슈퍼푸드를 만들어서 그릇에 담아놓은 후 예쁜 크레 베이비를 입주시켜 보도록 하겠습니다. 어린 친구들은 먹이를 그다지 진득하게 먹지 않기 때문에 이런 식으로 소량만 만들어놔도 되고, 먹이를 쉽게 찾지 못하기 때문에 많이 만들어놔도 괜찮아요.

여기에 물을 조금 넣고 반죽해 주면 돼요.

그런데 아이들이 스스로 알아서 먹게 하려면 조금 많이 만들어 둬야 아, 먹이가 여기 있구나 하고 알기가 쉽겠죠.

살찐꼬리도마뱀붙이

귀여움 ★★★★
멋짐 ★★★
강인함 ★
크기 ★

안녕~! 내 이름은 영어로는 **아프리카 팻테일 게코(African fat-tailed gecko)**라고 해. '팻'이 살찐, '테일'이 꼬리라는 뜻인데, 말 그대로 '살찐 꼬리'라는 뜻이야. **통통한 꼬리**에는 지방을 저장할 수도 있어서 낙타의 혹처럼 중요한 **에너지 저장고**가 돼. 꼬리의 지방 덕에 음식을 안 먹고 며칠을 버티기도 하지!

▲ 노멀 팻테일 게코

나는 **서아프리카의 아주 건조한 지역**에서 살며, **야행성**이야. 많은 시간을 **어둡고 습한 그늘진 곳**에서 보내지. 그래서 날 키울 때는 습도를 원래 살던 곳하고 비슷하게 맞춰줘야 해! 나는 **눈꺼풀**을 깜빡일 수 있고 **동공이 세로**로 찢어져 있어. 땅 위에서 살기 때문에 발바닥에 달라붙는 **흡착판**이 없지. 다른 게코처럼 꼬리를 자를 수 있는데, **새로운 꼬리**가 다시 자랄 때는 **머리와 비슷한 모양**으로 더 굵어져!

팻테일 게코의 모프 알아보기

팻테일 게코의 모프는 아주 다양한데, 크게 다음과 같은 것들이 있어요.

와일드(노멀) 타입 야생 그대로의 색깔로 밴드와 스트라이프의 두 가지 패턴이 있어요.
화이트 아웃 검은색 몸에 흰색의 얼룩무늬가 있어요.
줄루 아프리카 원주민 줄루족의 화살촉을 닮은 무늬를 가졌어요.
아멜라니스틱 몸에 색소가 적어 옅은 색을 띠고, 눈은 검은색 눈동자를 가져요.
캐러멜 알비노 몸 색은 캐러멜색을 띠고, 눈은 검정색이에요.
오레오 흰색과 검은색의 대비가 뚜렷한 모프예요.
고스트 검은색 색소가 적어 피부색이 연한 모프예요.

귀여움 ★★★★
멋짐 ★★★★
강인함 ★
크기 ★

▲ 스트라이프 팻테일 게코

비슷한 듯 달라요! 레오파드 게코 vs 팻테일 게코

몸길이 성체가 되면 13~20cm 정도예요.
사는 곳 파키스탄이나 인도 등의 덥고 건조한 초원이에요.
생김새 눈꺼풀이 있고 발바닥에 빨판이 없어요. 꼬리는 통통한 편이에요.

▲ 팻테일 게코

▲ 레오파드 게코

몸길이 성체가 되면 13~20cm 정도예요.
사는 곳 서아프리카의 아주 건조한 지역에서 살아요. 많은 시간을 어둡고 습한 그늘진 곳에서 보내기 때문에 레오파드 게코보다 더 습한 사육 환경을 만들어줘야 해요.
생김새 레오파드 게코처럼 눈꺼풀이 있고 발바닥에 흡착판이 없지만, 꼬리가 좀 더 짧고 통통해요. 눈도 크고 예뻐요.

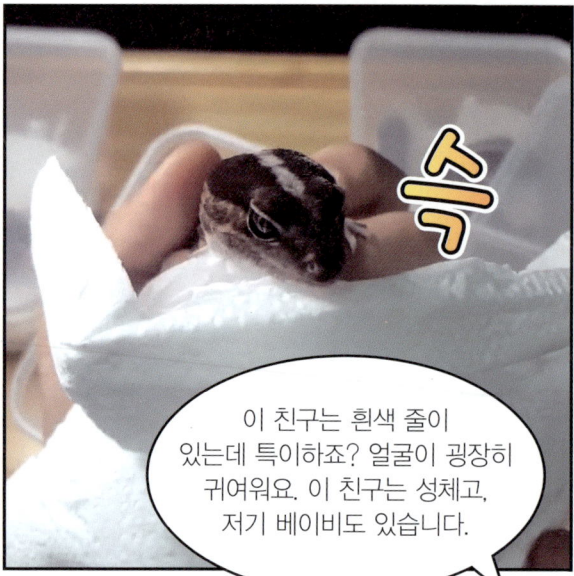

와~ 보셨죠? 꼬리를 살짝 흔들더니 먹이를 사냥해서 먹습니다.

온도를 많이 올려주고 습하게 해주면 굉장히 좋아해요. 초보자분들도 키우기 좋습니다.

팻테일 게코는 색이 정말 다양한데, 여기 보이는 친구는 노멀 팻테일 게코입니다.

이 개체는 꼬리가 하나도 잘리지 않은 완벽한 팻테일 게코에요. 굉장히 예쁘죠?

여기 베이비도 있어요. 와~ 정말 귀여워요.

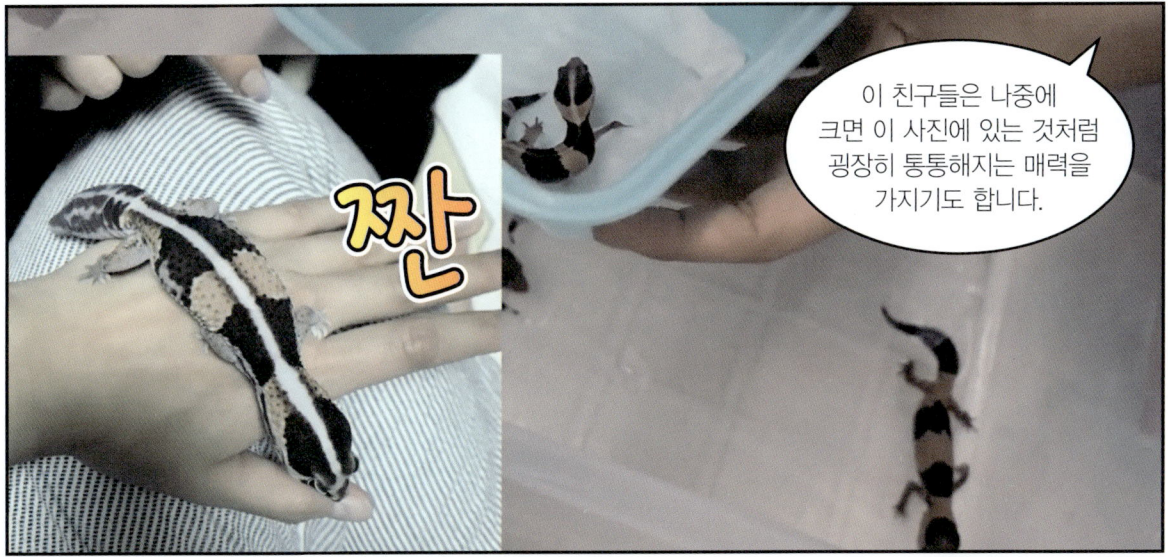

난 괴물이 아니야! 가고일 게코

가고일 게코는 덩굴이나 나뭇가지로 건너뛰기 위해 몸길이의 거의 세 배나 뛸 수 있어요.

내 이름은 **가고일 게코**(gargoyle gecko)야! 머리의 혹이 뿔 또는 귀처럼 보여서 '가고일'이라는 이름이 붙었지. 가고일이 뭐냐고? 괴물 모양의 조각상이야! 괴물 닮았다고 무서워하지 마! 내가 알고 보면 얼마나 귀여운지 모르지? 흥!

▲ 모어닝 게코는 사람의 손가락 한 마디 정도 크기예요.

도마뱀붙이계의 특수능력자 **모어닝 게코**

귀여움 ★★★★
멋짐 ★★
강인함 ★
크기 ★

은신술의 명수 커먼 플라잉 게코

나는 **태국** 등 **동남아시아**에 사는 **커먼 플라잉 게코**(common flying gecko) 라고 해! **옆구리와 네 다리**에 늘어난 **피부막**이 있고, 꼬리랑 발바닥이 아주 납작해서 나무 사이를 날아다닐 수 있지. 위장술이 뛰어나서 숨어있을 때는 그냥 나무껍질로 보여.

귀여움 ★★★
멋짐 ★★★
강인함 ★
크기 ★

커먼 플라잉 게코는 넓적한 발과 꼬리를 이용해 60m 정도를 날 수 있다고 해요.

나무와 나무를 건너뛸 때, 또는 벽에 찰싹 달라붙을 때 사진처럼 발바닥의 막을 최대한 펼쳐요.

나테레리 게코 사막에서 사는 아주 작은 크기의 게코예요.

귀여움 ★★★★
멋짐 ★★
강인함 ★
크기 ★

물갈퀴도마뱀붙이 물갈퀴처럼 넓적한 발 때문에 모래 속에 빠지지 않는, 사막에서 사는 게코예요.

귀여움 ★★★★
멋짐 ★★
강인함 ★
크기 ★

케이브 게코 중국, 베트남 등 지역의 습한 바위, 혹은 작은 동굴에서 사는 게코예요.

귀여움 ★★★
멋짐 ★★
강인함 ★
크기 ★

팬서 게코 마다가스카르 섬 서쪽의 건조한 지역에서 사는 게코예요.

귀여움 ★★★
멋짐 ★★★
강인함 ★
크기 ★

블로치드 벨벳 게코 호주에 사는 수명 10년 정도의 작은 게코랍니다.

귀여움 ★★★
멋짐 ★★
강인함 ★
크기 ★

자이언트 데이 게코 낮도마뱀붙이라고도 하며, 이름 그대로 가장 크게 성장하는 게코예요. 마다가스카르섬에서 살며, 동그란 눈이 매력적이에요.

귀여움 ★★★
멋짐 ★★
강인함 ★
크기 ★★

귀여움 ★★★
멋짐 ★★★★
강인함 ★
크기 ★

신비로운 토케이 게코의 눈.

토케이 게코 실제로 토케게~ 하고 울어서 토케이 게코라고 부르는, 뛰어난 발색의 게코랍니다. 동남아시아와 태평양 일부 지역에서 사는 토케이 게코는 행운과 풍요의 상징이에요.

납테일 게코 혹꼬리도마뱀붙이라는 뜻의 이름처럼 꼬리가 혹처럼 불룩하게 생겼어요. 주로 호주에서 살며, 포식자를 위협하기 위해 상당히 큰 소리로 운다고 해요.

귀여움 ★★★★
멋짐 ★★
강인함 ★
크기 ★

고양이 얼굴을 닮은 캣 게코.

캣 게코 괭이도마뱀붙이라는 이름처럼 고양이를 닮았어요. 인도네시아, 말레이시아 등 동남아시아에서 주로 산답니다.

귀여움 ★★★★
멋짐 ★★★
강인함 ★
크기 ★

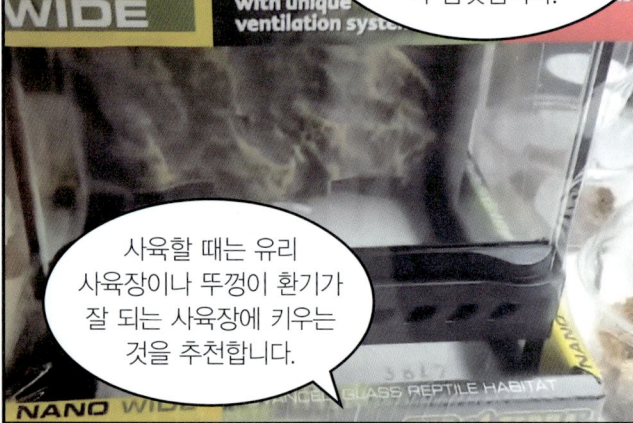

벽에 붙어서 살 수 있는 코르크튜브, 루바망, 자연의 나무 줄기처럼 이용할 수 있는 정글바인 등을 이용해서 세팅을 해주면 돼요.

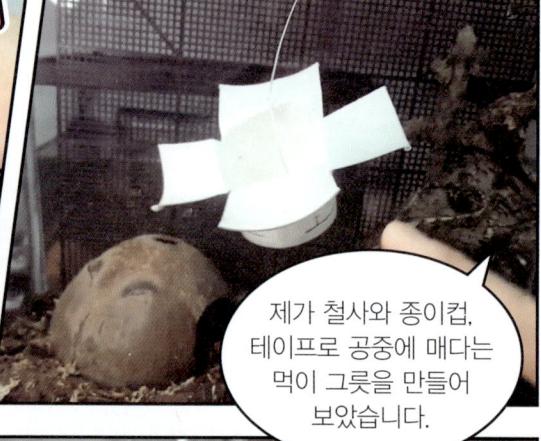

제가 철사와 종이컵, 테이프로 공중에 매다는 먹이 그릇을 만들어 보았습니다.

사육온도는 20도에서 30도 전후, 물그릇은 이렇게 작게 배치를 해도 되고 벽면에 물방울이 맺히게 뿌려주셔도 됩니다.

먹이는 이런 식으로 귀뚜라미를 풀어놓아도 되고, 밀웜을 아까 같은 공중의 먹이 그릇에 넣어도 됩니다.

이 친구들은 사진에 보이는 것처럼 산란을 벽면에 하고 수명은 약 10년 입니다. 아기 때부터 날 수 있도록 주름이 많습니다.

2. 도마뱀
사바나모니터

도마뱀의 종류는 아주 많지만,
우리가 보통 애완용으로 많이 키우는 친구들은
왕도마뱀, 비어디 드래곤, 스킨크, 카멜레온, 이구아나
등이 있어요. 왕도마뱀의 경우 특이하게 영어로는 모니터
(monitor)라고 해요! 컴퓨터 모니터가 생각난다고요?
모니터는 '감시자'라는 뜻이 있는데, 악어가 나타나는 걸
미리 알려준다고 여겨서 모니터라는 이름이 붙었다고
해요. 사육할 때는 모니터라고 많이 부르니
여기서도 왕도마뱀을 모니터라고
부르도록 할게요.

혓바닥이 멋지구만!

나 **사바나모니터**는 **아프리카에 사는 모니터 중 한 종**이야. 공룡인 줄 알았다고? 뭐, 공룡이랑 분위기는 닮았을지 몰라도 사실 우리 모니터들은 뱀하고 닮은 점이 더 많아! **혀끝이 두 갈래로 갈라져서 주변을 탐지하는 역할을 하거든!** 그리고 난 모니터 중에서도 성격이 가장 순한 편이라 애완용으로 기르려고 하는 사람이 많지. 하지만 난 **다 크면 1m 정도**까지 자라니까 기르려면 **큰 사육장**이 필요할 거야!

귀여움 ★
멋짐 ★★★
강인함 ★★★
크기 ★★★★

내 **수명은 10년 정도**로 긴 편이고, 주인을 알아볼 정도로 지능도 높은 편이야. 난 **주행성**이라 주로 낮에 활동하고, 곤충에서 작은 동물까지 다양하게 **육식**을 즐겨 해!

둥근 동공과 갈색의 흰자위 부분을 가지고 있는 사바나 모니터의 눈이에요. 눈꺼풀이 있어 눈을 감고 뜰 수 있지요.

여기서 잠깐!

사바나모니터도 물론 여러 가지 모프가 있지만, 아직 종류가 많이 알려지지 않았어요. 그리고 사이테스 2급 종이라서 서류를 발급받지 않고 기르면 불법이랍니다. 사이테스(CITES)는 멸종 위기에 처한 동식물의 국가 간 교역에 관한 국제적 협약을 말해요.

도마뱀의 왕!
코모도왕도마뱀

모니터(왕도마뱀) 중에서 제일 큰 건 코모도왕도마뱀이에요! 영어 이름은 코모도드래곤이고, 몸길이가 무려 3m까지 자라는 정말 큰 친구죠. 모니터뿐만이 아니라 전 세계의 모든 도마뱀 중에 가장 커요. 크기도 무척 크지만, 물소도 사냥할 정도로 너무 사나워서 애완용으로는 기를 수 없어요!

난 고기가 좋아~!

여기서 잠깐!

왕도마뱀을 영어로 보통 모니터라고 하지만, 코모도왕도마뱀처럼 영어 이름에 '드래곤'이 들어가는 경우도 있어요.

귀여움 ★
멋짐 ★★★
강인함 ★★★★★
크기 ★★★★★

아르헨티나테구

누가 내 얘기 하냐?

보기에는 조금 무서워보일지 몰라도 난 **온순한 편**이라 사람들이 애완용으로 기르지. 내가 사는 곳은 **남아메리카**로, 다른 파충류, 조류, 곤충, 알, 과일 등 먹을 걸 가리지 않는 **잡식성**이지. 힘도 세고, 포유류로 치면 곰이랑 비슷한 느낌이라고 할까?

안녕! 난 **아르헨티나테구**야. **테구도마뱀** 중에 가장 큰 종이지. 보다시피 **1m가 넘게** 자랄 정도로 체격이 크고 모니터랑 비슷해 보이지만, 사실 조금 달라. 모니터보다 **목이 짧고, 몸이 전체적으로 굵어**. 몸에 비해 네 다리가 길어서 **달리기도 잘해!** 어릴 때는 뒷다리로만 달리기도 하지.

테구도마뱀 종류 알아보기

테구도마뱀 중 대표적인 다음 네 종을 소개할게요. 아르헨티나테구 또는 아르헨티나 블랙앤화이트 테구로 불리는 종이 테구도마뱀 중 가장 커요.

귀여움 ★★
멋짐 ★★★
강인함 ★★★
크기 ★★★

골드 테구

귀여움 ★★
멋짐 ★★★★
강인함 ★★★
크기 ★★★

레드 테구

귀여움 ★★
멋짐 ★★★
강인함 ★★★
크기 ★★★★

아르헨티나 블랙앤화이트 테구

크로커다일 테구

귀여움 ★★★
멋짐 ★★★
강인함 ★★★
크기 ★★

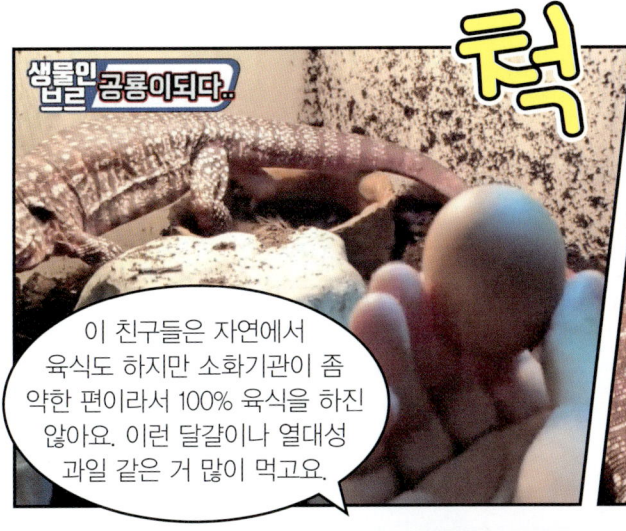

이 친구들은 자연에서 육식도 하지만 소화기관이 좀 약한 편이라서 100% 육식을 하진 않아요. 이런 달걀이나 열대성 과일 같은 거 많이 먹고요.

그리고 비만이 되기 쉽기 때문에 일주일에 한두 번씩 달걀이나 과일 챙겨주고, 두세 번은 귀뚜라미나 미꾸라지 등 육식을 조금씩 시켜주면 좋습니다.

달걀을 이제 먹기 시작했어요. 알 종류를 아주 좋아해서 자연에서는 새를 내쫓고 저런 식으로 알을 먹는다고 합니다.

오~ 깼어요. 잘 먹네요.

시원시원하게 먹지는 못하지만, 본능적으로 저렇게 깬 다음에 얇고 긴 혀를 이용해 쏟아지지 않게 먹는 것 같아요.

비어디 드래곤

귀여움 ★★★
멋짐 ★★★
강인함 ★
크기 ★★

중앙턱수염도마뱀

비어디 드래곤의 종류와 모프 알아보기

비어디 드래곤의 종류는 중앙턱수염도마뱀, 동부턱수염도마뱀, 랭킨턱수염도마뱀 등이 있는데 그중에 애완용으로 가장 잘 알려진 종은 중앙턱수염도마뱀이에요. 비어디 드래곤의 모프는 크게 몸의 색상과 등의 모양 등으로 나뉘어요.

귀여움 ★★★
멋짐 ★★★
강인함 ★
크기 ★★

랭킨턱수염도마뱀

색상 모프

오렌지 이름대로 오렌지 색깔을 띠는 모프예요.

샌드파이어 드래곤 벽돌처럼 붉은색을 띠어요.

블러드 드래곤 새끼 때부터 붉은색을 띠어요.

새먼 연한 주황색을 띠어요.

선버스트 아침 햇살처럼 전체적으로 노란색을 띠어요.

루시스틱 피부는 흰색인데 홍채는 검은색을 띠는 돌연변이에 가까운 모프예요.

스노 앤 하이포멜라스틱 멜라닌 색소가 적은 색상 변이 모프예요.

타이거 호랑이 무늬랑 닮았어요.

알비노 눈은 약간 반투명한 붉은색을 띠고 몸은 흰색이에요.

시트러스 과일처럼 노란색이에요.

백(등) 모프

노멀백 야생에서와 같은 체형으로 돌기나 가시가 많아요.

레더백 등에 돌기가 적고 매끈해요.

실크백 온몸이 완전히 매끈하고 피부가 약해요.

동부턱수염도마뱀

- 귀여움 ★★
- 멋짐 ★★★★
- 강인함 ★
- 크기 ★★

비어디 드래곤은 발색도 다양해서 사람들에게 인기가 높아요.

▲ 비어디 드래곤의 비늘을 확대한 모습이에요.
화려한 색깔과 기묘한 문양이 사람들의 호기심을 자극한답니다.

◀ 마치 턱수염처럼 목 주변에 나 있는 가시 모양의 비늘이에요.

비어디드래곤

이것은 밀웜 그릇인데, 여기에다가 작은 밀웜들을 알아서 잡아먹을 수 있게 영양제와 작은 밀웜들을 넣어주면 되고요.

먹이의 양과 크기는 이 친구들이 성장함에 따라서 조금씩 늘려주시면 됩니다.

이것은 물그릇인데, 사막형 도마뱀일지라도 물은 항상 있으면 좋아요. 뒷다리랑 꼬리를 여기 넣어놓고 응가를 하는 친구도 있고, 물을 마시는 친구도 있습니다. 그렇기 때문에 물은 하루에 한 번씩 꼭 갈아주세요.

턱

비어디 드래곤의 수명은 약 20년 정도라고 보면 되고, 성체가 되면 약 40~50cm까지 성장하니까 그 점을 고려해서 사육장을 준비해야 합니다.

스 윽-

스킨크

스킨크라고 들어보셨나요? 네? 이름에서 냄새날 것 같다고요? 에이~ 스컹크가 아니고 스킨크! 보통 스킨크라 불리는 도마뱀들은 다리가 짧고 비늘이 매끄러운 경우가 많아요. 사람들이 많이 키우는 레드아이 아머드 스킨크, 블루텅 스킨크, 샌드피시 스킨크, 오셀레이트 스킨크에 대해서 한번 알아볼까요?

난 **레드아이 아머드 스킨크**라고 해~.
이름이 참 길지? 눈 주위가 빨개서 이름에 레드아이가 붙었어. 이름에는 '드래곤'이 들어있지 않지만, 사람들은 날 드래곤 닮았다고 좋아하더라! 그런데 드래곤 닮았다고 내 성격이 사납거나 활발할 거라 생각하면 미워할 거야. 난 사실 정말 **겁이 많고 소심**하거든…. 그래서 가끔 너무 **겁먹어서 죽은 척** 하는데, 그걸 보고 진짜 죽은 줄 알고 슬퍼하면 안 돼. 조금 기다리면 다시 살아서 움직이거든. 아, 너무 스트레스를 많이 받으면 진짜로 죽을 때도 있긴 해.

레드아이 아머드 스킨크

- 귀여움 ★★★★
- 멋짐 ★★★★★
- 강인함 ★
- 크기 ★

나는 **파푸아 뉴기니**와 **인도네시아**의 습한 곳에서 살아서, 축축한 걸 좋아하고 밤에 활동하는 **야행성**이야. **밀웜**이나 **귀뚜라미**를 잘 먹는데, 다 크면 **20cm 정도**가 돼. 아까 스트레스를 많이 받으면 죽기도 한다고 했지만, 난 기르기가 조금 어려워서 그렇지 잘만 기르면 **10~15년** 정도로 오래 사는 편이야.

여기서 잠깐!

우리나라에는 레드아이 아머드 스킨크가 잘 알려졌지만, 화이트아이 아머드 스킨크라는 친구도 있어요. 레드아이 아머드 스킨크랑 거의 비슷하게 생겼지만 눈 주위가 빨갛지 않은 점이 다르답니다.

블루텅 스킨크

안녕! 난 사육하는 사람들 사이에서는 영어 이름인 **블루텅 스킨크**로 많이 불리지만, 우리말 이름은 **푸른혀도마뱀**이란다. 이름 그대로 **혀가 파란색**인 게 나의 가장 큰 특징인데, 이 파란 혀는 먹이를 찾는 데 도움이 될 뿐만 아니라 적에게서 보호하기 위한 역할도 해! 내 **다리는 아주 짧아서 평소에는 거의 땅에 붙어서 기듯이 걸어.** 그래서 내가 엄청 느릴 거라 생각하는 사람이 많은데, 마음만 먹으면 엄청나게 빨리 움직일 수 있어!

나는 **동남아시아**부터 **오스트레일리아**에 이르기까지 널리 살고 있어서, **사는 곳에 따라 무늬나 생김새가 다르기도 해!** 나는 **잡식성**이라 곤충이든 채소든 가리지 않고, 심지어 개 사료도 먹어. 내 **수명은 보통 10년 정도**고 2년 정도면 다 자라는데, 다 자라면 **40~50cm 정도**로 비어디 드래곤하고 비슷한 크기야. 크기는 비슷해도 내가 조금 더 잘생겼지?

정면에서 본 모습. 입안이 파래요.

블루텅 스킨크의 종류와 모프 알아보기

블루텅 스킨크는 모프로도 나누지만, 오스트레일리아, 인도네시아 등 지역에 따라 종을 나누기도 해요. 물론 이 외에도 종류는 많지만 오스트레일리아와 인도네시아에 사는 종은 다음과 같아요.

인도네시아푸른혀도마뱀
-메라우케푸른혀도마뱀
-케이섬푸른혀도마뱀

호주푸른혀도마뱀
-동부푸른혀도마뱀
-북부푸른혀도마뱀
-타님바푸른혀도마뱀

블루텅 스킨크는 사육 환경에 따라서는 30년을 살기도 해요.

블루텅 스킨크

- 귀여움 ★★
- 멋짐 ★★★★
- 강인함 ★
- 크기 ★★

블루텅 스킨크의 파란 혀.

샌드피시 스킨크

안녕! 난 샌드피시 스킨크야. 샌드피시는 도루묵이란 물고기를 뜻하고, 그래서 내 우리말 이름은 '도루묵도마뱀'이지. 왜 샌드피시라는 이름이 붙었냐면, **모래 속에서 물고기처럼 헤엄**을 치기 때문이야. 난 **동남아시아 지역부터 북아프리카, 사우디아라비아 동부 등의 사막**에서 주로 살면서 모래 위의 **작은 곤충**들을 잡아먹어. 천적이 나타나면 모래 속으로 파고들지!

귀여움 ★★★★
멋짐 ★★★
강인함 ★
크기 ★

나는 보다시피 작고 귀여워!
몸만 작은 게 아니라 모래 속에서 활동하기
좋게 눈이랑 코도 작아. 내 몸길이는
보통 12~14cm 정도이고 수명은 16~20년
정도로 오래 사는 편이지.

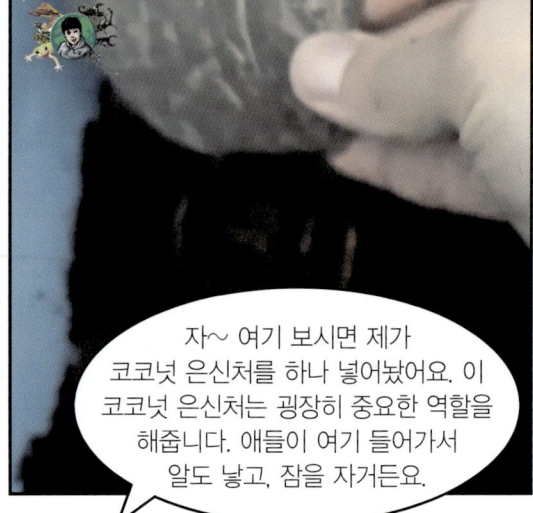

카멜레온

내가 누군지 모르는 사람 없지? 그래, 난 **몸 색깔을 자유롭게 바꾸기로** 유명한 **카멜레온**이야. 보통 **아프리카**랑 **마다가스카르**에 살지만, 친척이 워낙 많다보니 **아시아**나 **유럽** 등에 살기도 해. 내 친척들은 **15~30cm** 정도의 크기가 많지만 **80cm**까지 자라는 예도 있어.

 정브르의 아하! 그렇구나~

카멜레온의 몸 색깔 바꾸기
보통 카멜레온의 몸 색깔은 주변 환경의 변화에 따라 바뀌는 거로 알고 있죠? 사실은 빛과 기온, 기분에 따라 바뀐다고 해요.

내 두 눈은 따로따로 돌아가!
이런 동물 나 말고 본 적 있어? 먹잇감을 사냥할 때는 이 두 눈으로 거리를 잘~ 재서 **몸길이보다 길게 늘어나는 혀**를 쭉 뻗어. 난 발 모양이 나뭇가지를 잡기 쉽게 생겨서 **주로 나무 위에서 살아**.

카멜레온의 종류 알아보기

카멜레온의 종류는 무려 85가지나 되어요. 사람들이 애완용으로 많이 기르는 종류로는 팬서카멜레온, 베일드카멜레온, 세네갈카멜레온 등이 있어요.

귀여움 ★★★
멋짐 ★★★★
강인함 ★
크기 ★★

세네갈카멜레온

세네갈, 말리, 나이지리아 등 아프리카에 사는 카멜레온으로 성격이 순해 사육하기 좋아요.

베일드카멜레온 콘헤드카멜레온, 혹은 예멘카멜레온이라고도 불려요. 사육 초보자에게 가장 적합한 종으로, 수명은 6~8년이며, 머리에 난 커다란 헬멧 모양 때문에 베일드라는 이름이 붙었어요. 헬멧 모양의 머리는 빗물을 받아 입으로 전달하는 역할을 해요.

주행성인 베일드카멜레온은 나무를 좋아하여 꼬리 힘만으로 나무줄기에 매달려 있기도 해요.

귀여움 ★★★
멋짐 ★★★★
강인함 ★
크기 ★★

팬서카멜레온 화려한 발색 때문에 가장 인기가 많은 카멜레온으로 마다가스카르 섬에서 살아요.

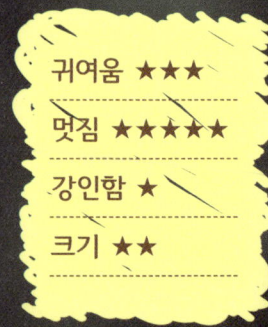

귀여움 ★★★
멋짐 ★★★★★
강인함 ★
크기 ★★

화려한 색깔을 가진 팬서카멜레온의 꼬리에요.

팬서카멜레온이 긴 혀를 이용하여 먹이 사냥에 성공하는 모습이에요.

카멜레온은 360도 회전하는 눈을 가지고 있어서 천적으로부터 자신을 보호하고 사냥감을 찾는 능력도 뛰어나요.

팬서카멜레온의 피부를 확대한 모습이에요.

피셔카멜레온 피셔카멜레온은 케냐와 탄자니아에서 사는 종으로 좀처럼 사육되지 않는 카멜레온이에요. 최대 15cm까지 자라며 수명은 3년 정도랍니다. 머리에 두 개의 뿔이 나 있는 매우 독특하게 생긴 카멜레온이에요.

귀여움 ★★
멋짐 ★★★
강인함 ★
크기 ★

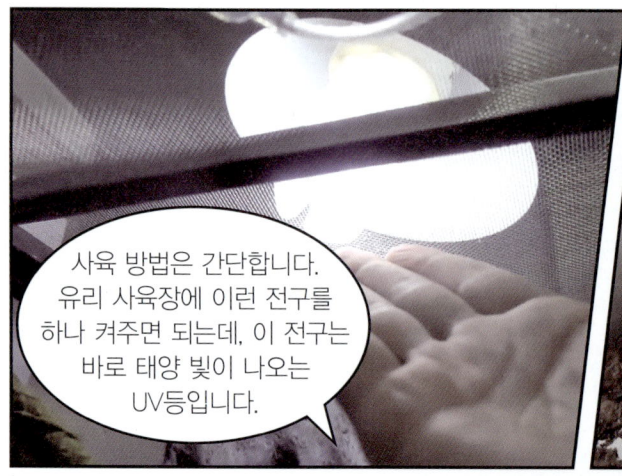

사육 방법은 간단합니다. 유리 사육장에 이런 전구를 하나 켜주면 되는데, 이 전구는 바로 태양 빛이 나오는 UV등입니다.

얘네들은 유목성, 교목성이기 때문에 정글바인이나 유목, 대나무 같은 걸 넣어주면 좋고요. 식물을 울창하게 넣어주면 더 좋습니다.

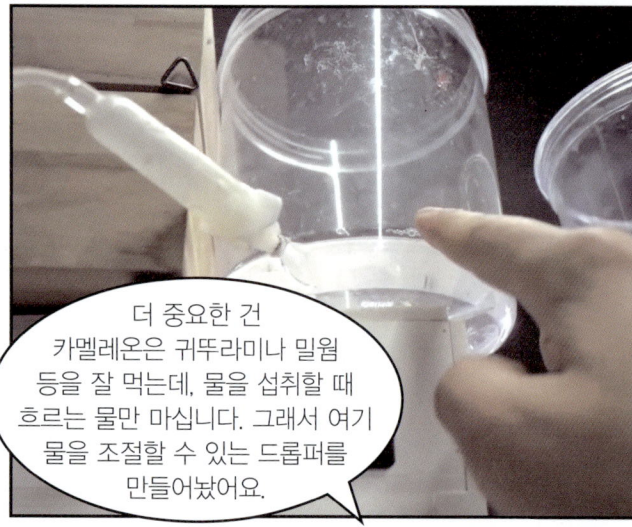

더 중요한 건 카멜레온은 귀뚜라미나 밀웜 등을 잘 먹는데, 물을 섭취할 때 흐르는 물만 마십니다. 그래서 여기 물을 조절할 수 있는 드롭퍼를 만들어놨어요.

이 밸브를 열면 물이 한 방울씩 똑똑 떨어져요.

스옥~

그리고 사람이랑 친해질 수 있게 가끔 이렇게 놀아줘요.

이구아나

내 이름은 **이구아나**! 그중에서도 사람들이 **애완용**으로 많이 기르는 **녹색이구아나**야. 공룡 이름 아니냐고? 아, 그 녀석 이름은 이구아노돈! 그 공룡 이빨 화석이 내 이빨이랑 비슷하다고 '이구아나의 이빨'이라는 뜻의 이름이 붙은 거래. 내가 생긴 건 좀 무서운 공룡 같아도 **식성은 초식**이란다. 하지만 **어릴 때는 곤충을 먹기도 해.**

이게 바로 이구아노돈이랍니다!

난 **멕시코, 중앙아메리카, 남아메리카** 등 다양한 지역에 사는데 **1.5~2m**까지 자라. 코모도왕도마뱀보다는 못하지만, 꽤 크지? 크기만 큰 게 아니라 **머리도 좋은 편**이고 **시력이 좋아서 색깔이랑 모양을 구분**할 수 있어!

이구아나의 종류 알아보기

이구아나의 종류는 수백 종에 이를 정도로 매우 많아요. 이 중 사람들이 애완용으로 많이 기르는 종은 녹색이구아나, 앤틸리스이구아나, 코뿔이구아나 등이 있어요.

녹색이구아나 전 세계에서 애완동물로 널리 길러지며, 열, 식단 조절, 환경관리를 해야 해서 초보자들이 기르기엔 어려울 수 있어요.

귀여움 ★★
멋짐 ★★★★
강인함 ★★
크기 ★★★

앤틸리스이구아나 소앤틸리스 제도의 섬에 사는 이구아나로 다 자라면 1.2m 정도예요.

귀여움 ★★
멋짐 ★★★
강인함 ★★
크기 ★★

코뿔이구아나 도미니카, 카리브해 지역에 살며, 코끝에 뿔이 자라서 그런 이름이 붙었어요. 몸길이는 보통 60~80cm지만 1.2m까지 자라기도 해요.

귀여움 ★★
멋짐 ★★★
강인함 ★★
크기 ★★

정브르가 알려주는 토막상식 2

파충류는 어떻게 생겼나요?

우리가 파충류를 두려워하거나 싫어하는 이유 중 하나는 눈 때문이에요. 눈동자가 좁고 긴 타원형으로 생겨서 왠지 기분 나쁘다고 생각하죠. 하지만 파충류의 눈동자가 그렇게 생긴 이유는 밤에 먹이를 잘 보기 위해 눈동자로 빛의 양을 조절하느라 그런 것이에요. 주로 밤에 사냥하는 파충류의 눈동자가 이렇게 생겼어요. 반면 낮에 활동하는 파충류의 눈동자는 동그랗거나 눈에 꽉 차 있어서 그렇게 무서워 보이지 않아요. 이런 눈동자를 가진 파충류를 이클립스라고 불러요.
파충류 하면 또 연상되는 것 중 하나가 혀예요. 뱀이 길게 갈라진 혀를 날름거리는 모습은 공포의 대상이죠. 하지만 뱀을 비롯한 파충류의 이 혀는 먹이 사냥을 위해 매우 중요한 역할을 한답니다. 혀를 날름거려 공기 중의 작은 입자를 모은 후 입 위의 작은 구멍 속에 있는 야콥슨 기관으로 보내면 여기서 먹이나 짝짓기 상대를 파악하는 거죠. 즉 혀가 냄새를 맡는 후각기관의 역할을 하는 거예요.
이렇듯 파충류의 감각기관은 다른 동물과 달라요. 킹코브라는 시력이 아주 좋지만 소리는 거의 듣지 못해요. 악어는 눈에 반사판이 있어서 깜깜한 밤에도 모든 것을 잘 본답니다. 방울뱀이나 살모사 같은 뱀은 적외선 열 감지기 역할을 하는 기관이 있어서 주변 온도로 상대방을 알아채죠.

육지거북

등딱지
포식자로부터 몸을 지키기 위해 등딱지가 매우 단단하게 발달했어요. 등딱지 안에 머리와 다리를 집어넣을 수도 있어요.

다리
바다거북과 다르게 땅 위를 걸어 다닐 수 있게 발달했어요.

사는 곳

평생 육지에서 살고 헤엄은 잘 치지 못해요. 사막, 초원, 숲 등 다양한 곳에서 살아요.

먹이

벌레나 지렁이를 먹는 경우도 있지만, 대부분 초식을 해요.

몸길이

다 커도 10cm가 안 되는 작은 종부터, 1.5m까지 자라는 갈라파고스거북처럼 큰 종까지 다양해요.

바다거북

다리
네 다리가 전부 지느러미 모양이어서 물속에서 헤엄을 잘 쳐요.

사는 곳
알을 낳으러 올 때 빼고는 물 밖으로 나오는 일이 거의 없어요.

몸길이
보통 1~2m 정도로, 육지거북보다 큰 편이에요. 가장 큰 종인 장수거북의 경우, 3m짜리가 발견된 적도 있어요.

등딱지
보통 아주 단단한 등딱지를 가지고 있지만, 장수거북의 경우 특이하게 등딱지가 없고 가죽 같은 피부로 덮여 있어요.

먹이
해조류를 뜯어 먹기도 하고, 물고기나 해파리 같은 바다 동물을 잡아먹기도 해요.

여기서 잠깐!

붉은귀거북처럼 물속과 땅 위를 오가는 반수생거북도 있어요. 붉은귀거북의 경우 우리나라에 애완거북으로 들어왔었지만, 사람들이 키우다 버린 붉은귀거북이 너무 많아져 생태계를 엉망으로 만들었어요. 그래서 2001년 12월부터 붉은귀거북을 수입하는 일이 금지되었답니다. 여러분! 키우던 동물 버리면 절대 안 돼요!

한눈에 비교해볼까요?

	육지거북	바다거북
몸길이	10cm 이하~1.5m	1~3m
등딱지	매우 단단하다	보통 매우 단단하지만 장수거북의 경우 등딱지가 없음
다리	걸을 수 있는 발 모양	지느러미 형태
먹이	풀 또는 벌레, 지렁이 등	해조류, 물고기, 해파리 등
사는 곳	사막, 초원, 숲	바다 속

레오파드 육지거북

나 **레오파드 육지거북**은 세계에서 네 번째로 커다란 육지거북이야. 다 크면 **보통 40cm이고, 크게는 70cm**까지 자라거든. 표범을 영어로 레오파드라고 하는데, 내 **등딱지 무늬가 표범 무늬 같다**고 해서 그런 이름이 붙은 거야. 이름이 레오파드이고 덩치도 크지만 난 사실 **초식**을 해.

귀여움 ★★★★
멋짐 ★★★★
강인함 ★
크기 ★★★

난 **남아프리카의 초원지대**에 살고,
수명은 보통 50년 정도야. 정말 오래 살지?
그래서 날 키울 때는 정말 신중하게 선택해야 해.

체리헤드 레드풋 육지거북

내 이름은 체리 같은 색의 머리에 붉은 반점이 있는 다리를 가지고 있다고 해서 붙여졌어. 난 '붉은다리거북'의 한 종류거든. 보기에는 귀엽지만 이래 봬도 40cm 정도까지 자라. 난 남미의 덥고 습한 지역에 살고, 다른 육지거북처럼 식물을 먹으면서 가끔 고기를 먹기도 해. 그러니까 풀만 주지 말고 고기도 좀 줘~! 난 분명히 말했다? 잊어버리지 마!

체리헤드 레드풋 육지거북 새끼

안녕! 나는 헤르만이라고 해. **프랑스의 자연학자 조한 에르만**의 이름을 따서 붙인 이름을 영어식으로 읽은 거야. 우리 헤르만거북은 친척인 **서헤르만**과 나 **동헤르만**, 이렇게 두 종으로 나뉘고 **남유럽과 발칸반도 지역** 등에 살지.

대부분의 육지거북들이 그렇듯, 나도 **초식성**이야. 난 다 커도 **30cm 정도**인 작은 거북이다보니 사람들이 애완용으로 많이 길러.

동헤르만 육지거북 새끼

동헤르만 육지거북

귀여움 ★★★★
멋짐 ★★★
강인함 ★
크기 ★

귀여움 ★★★
멋짐 ★★★
강인함 ★
크기 ★★

마지나타 육지거북

난 유럽 남부의 발칸반도에 사는데, 유럽에서는 가장 큰 육지거북이야. 35cm 정도까지 자라거든. 어릴 때는 등딱지 색깔이 알록달록한 편인데, 다 크면 어두운색이 돼. 그리고 나 역시 초식을 하는 육지거북이야.

마지나타 육지거북 새끼

호스필드 육지거북

귀여움 ★★★★★
멋짐 ★★★
강인함 ★
크기 ★

난 **땅을 파는 버릇**이 있어서 **앞발톱이 크게 발달**했어. 땅굴을 파서 **겨울잠**을 자거든. 사냥이라도 하는 줄 알았지? 난 보다시피 식물을 먹는 **초식성**이야.

내 이름인 호스필드도 사람 이름을 따서 지은 거야! 바로 미국의 의사 **토마스 호스필드**라는 사람이지. 난 **중앙아시아와 서아시아**에 살고 몸 크기는 **20~25cm**의 작은 거북이야. 난 호스필드라는 이름 외에 **러시아거북**으로 많이 알려져 있는데, 실제 러시아에서는 거의 살지 않아. 어쨌든 난 **낮은 기온에서도 잘 사는 편**이긴 해서 키우기는 편할 거야. 수명도 무려 **50년 이상**이라고!

호스필드 육지거북 새끼

육지거북 크기 비교!

레오파드 육지거북
보통 40cm 정도까지 자라고, 크게는 70cm까지도 자라요.

체리헤드 육지거북
귀여운 외모와 다르게 40cm 정도까지 자라요.

마지나타 육지거북
다 자라면 35cm 정도로 유럽에서는 제일 큰 육지거북이에요.

동헤르만 육지거북
다 자란 게 30cm 정도로 작은 편이에요.

4등

호스필드 육지거북
다 커도 20~25cm 정도로 제일 작아요.

5등

레오파드 육지거북이 1등, 2등은 체리헤드 육지거북, 3등이 마지나타 육지거북, 동헤르만 육지거북이 4등, 5등이 호스필드 육지거북이네요!

사이즈가 아주 작아서 굉장히 인기가 있는 육지거북 중 하나예요.

그리고 이 친구는 호스필드 육지거북인데요.

이 친구는 나중에 사이즈가 많이 커져요.

이건 레오파드 육지거북인데요.

사이즈가 많이 커집니다!!

마지나타 육지거북

그리고 이 거북은 마지나타라는 육지거북인데 눈망울이 진짜 초롱초롱해요. 육지거북의 매력이죠.

이 친구들의 사육 방법은 아주 간단합니다.

이 체리헤드는 습한 사육 환경을 만들어줘야 해요. 그래서 바닥재를 바크, 코코피트 등으로 꾸며줘야 하고, 뚜껑을 만들어서 습기가 안 날아가게 해주면 좋습니다.

여기 나머지 네 종류는 건계형이라고 해서 어디에서도 잘 자라요.

이 친구들을 사육 통에 넣고, 애호박이랑 치커리를 잘라서 줘보도록 하겠습니다.

치커리와 애호박 준비합니다!

짜잔~! 제가 칼이랑 도마를 준비했습니다.

그다음으로 겨울이 오게 되면 육지거북 사육 온도를 맞춰주기 위해서 이걸 써줘야 합니다. 온도를 최소한 28도에서 30도로 맞춰줘야 해서, 이 핫스팟이 겨울에는 필수라는 점을 알고 계셔야 합니다.

핫스팟 (체온유지.활성)

호스필드가 열심히 먹고 있네요. 이렇게 작은 친구들에게는 채로 썬 애호박도 커보입니다. 여러분들이 더 작게 잘라주면 좋고요.

덥석!

작게 잘라줘도 커보이네 ㄷㄷ

잠자는 친구들을 위해서 이렇게 코코넛 은신처를 해주면 좋아요.

이것은 체리헤드 사육장인데, 지푸라기를 안 깔았어요. 약간 습하게 유지해야 해서 아까 얘기했던 바크와 코코피트를 사용했어요.

정브르가 알려주는 토막상식 3

브리딩이 뭔가요?

브리딩(breeding)은 '새끼를 낳다', '동물이나 식물을 번식시키기 위해 사육하다'는 뜻의 '브리드(breed)'의 명사예요. 즉 '사육'이라는 뜻이죠. 많은 사람이 애완동물을 키우고 있고, 앞으로 키우고 싶어 하면서 점점 브리딩의 중요성이 커지고 있어요. 그냥 재미 삼아서, 남들도 다 하니까 나도 키워 볼래, 하고 생각해서 시작하는 사육은 진정한 의미의 브리딩이 아니에요. 우리나라에서는 낯선 단어처럼 들릴지도 모르는 브리딩이라는 말은 사실 외국에서는 친숙한 말이에요. 그만큼 애완동물을 키우는 방법이 발달했으며, 애완동물을 생각하는 마음이 깊다고도 볼 수 있겠죠.

브리더는 어떤 사람인가요?

브리더는 식물이나 동물을 전문적으로 사육하고 번식하는 사람을 가리켜요. 좀 더 좁혀서 말하면 개나 고양이 같은 애완동물의 혈통을 관리하고 분양하는 사람이에요. 그 때문에 전문가로서의 브리더는 유전학 등의 공부를 해야만 해요. 종이 다른 식물이나 동물을 교배하는 경우도 있으므로 전문적인 지식이 없으면 생물이 병들었을 때 올바른 대처를 할 수 없거든요.

CHAPTER 3.
가장 사랑받는 뱀

뱀의 종류는 무수히 많지만, 사람들은 독이 없는 콘스네이크, 킹스네이크, 볼 파이톤 같은 뱀을 애완용으로 많이 길러요. 우선 뱀은 어떤 특징을 가졌는지 알아보고, 애완용으로 기르는 뱀들에 관해서도 소개할게요!

뱀

몸길이

다 자라도 10cm 정도밖에 안 되는 작은 뱀부터, 10m 정도까지 자라는 아나콘다 같은 거대한 뱀까지 다양해요.

제일 작은 뱀은 나랑 크기가 비슷할걸?

사는 곳
아일랜드, 뉴질랜드 등을 제외한 세계 대부분의 지역에서 살아요. 보통 땅 위에서 생활하고 나무 위나 땅속, 물속에서 사는 종도 있어요.

눈
눈꺼풀이 없고 투명한 막으로 덮여있어요.

혀
두 가닥으로 갈라진 혀로 냄새를 잘 맡아요.

먹이
육식성으로 곤충이나 동물을 잡아먹어요. 턱과 몸통이 잘 늘어나서 자기 몸보다 큰 먹이를 삼킬 수 있어요.

다리
다리가 퇴화해서 없어요. 대신 갈비뼈와 배의 비늘을 이용해서 움직인답니다.

정브르의 아하! 그렇구나~

피트 기관 (코랑 눈 사이)

뱀의 콧구멍 주변에 있는 특수한 기관으로 다른 생물체가 내는 열을 감지해 사냥을 좀 더 수월하게 할 수 있어요.

야콥슨 기관 (입 천장 부분)

뱀이 혀를 통해서 냄새를 감지할 수 있게 도와주는 기관이에요. 혀가 외부의 화학 물질을 묻혀 야콥슨 기관에 전달하면 뱀은 자신이 감지한 냄새가 어느 방향에 있는지 알 수 있어요.

여기서 잠깐!

뱀은 귓구멍이 없어서 소리를 들을 수 없지만, 땅을 통해 진동을 잘 느끼고, 혀를 통해 냄새를 잘 맡아요. 미각기관이 없어서 맛은 못 느껴요.

콘스네이크의 모프 알아보기

콘스네이크를 기르는 사람들 사이에서 알려진 모프 몇 개를 소개할게요.

스트라이프
말 그대로 등의 무늬가 줄무늬처럼 쭉 이어진 모프예요.

귀여움 ★★★
멋짐 ★★★
강인함 ★
크기 ★★

노멀 서식지에 따라 레드, 마이애미, 오키티 등으로 나뉘어요.

귀여움 ★★★
멋짐 ★★★
강인함 ★
크기 ★★

귀여움 ★★★
멋짐 ★★★★
강인함 ★
크기 ★★

모틀리
등의 무늬가 동글동글한 모프예요.

귀여움 ★★★
멋짐 ★★★★
강인함 ★
크기 ★★

캐러멜 몸에 붉은 색소가 적어 노란빛을 띠며, 무늬의 테두리가 검어요.

귀여움 ★★★
멋짐 ★★★
강인함 ★
크기 ★★

블랙 보통 애너리라고 불리며, 몸에 붉은 색소가 없어 회색빛을 띠어요.

귀여움 ★★★
멋짐 ★★★★
강인함 ★
크기 ★★

알비노 아멜이라고도 불리며, 몸에 검은 색소가 없어 붉은색과 노란빛을 띠어요.

귀여움 ★★★
멋짐 ★★★★
강인함 ★
크기 ★★

팔메토 하얀 바탕에 점을 흩뿌려놓은 듯한 무늬가 특징이에요.

귀여움 ★★★
멋짐 ★★★★
강인함 ★
크기 ★★

라벤더 은은한 회색과 연보라빛을 띠어요.

귀여움 ★★★
멋짐 ★★★★
강인함 ★
크기 ★★

블리자드 스노와 비슷하게 알비노와 차콜 콘스네이크의 교배로 태어나요.

귀여움 ★★★
멋짐 ★★★★
강인함 ★
크기 ★★

디퓨즈드 블러드레드라고도 불리고,
자랄수록 몸의 무늬가 흐려져서 다 크면 단색에 가깝게 변해요.

귀여움 ★★★
멋짐 ★★★
강인함 ★
크기 ★★

차콜 블랙과 마찬가지로 붉은 색소가 없고, 블랙에 비해 노란색이 좀 더 적어요.

버터 알비노와 캐러맬 콘스네이크의 교배로 태어나요.

귀여움 ★★★
멋짐 ★★★★
강인함 ★
크기 ★★

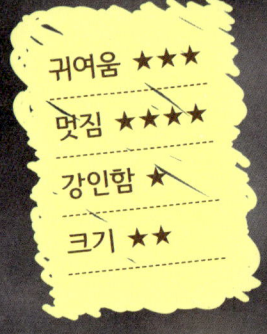

스노 알비노와 블랙 콘스네이크를 교배해 2세대로 태어나는 개체 중 일부예요.

그다음 친구는 블러드레드 모틀리 콘스네이크인데, 붉은 색이 강렬한 인상을 주죠.

이 친구는 레드 콘스네이크인데, 보통 노멀이라고 많이 불려요. 노멀이지만 예쁘죠.

꿈지락

그리고, 여기 있는 버터 콘스네이크도 진짜 예쁘죠? 이 친구들은 아직 베이비라 사람 손길을 무서워하기 때문에 하루에 조금씩이라도 *핸들링 해주시는게 좋습니다.

자, 이 친구는 인기가 많은 블랙 킹스네이크인데 블루 현상이 와서 발색이 조금 아쉽습니다. 블루 현상이라는 건 탈피 하기 전 하얀 허물이 몸을 감싸서 눈의 색이 탈피 껍질과 겹쳐 파란색으로 보이는 것을 말해요.

*핸들링 : 손으로 만지는 것을 말해요.

자, 이제 콘스네이크 사육 방법을 알려 줄게요. 이런 조그만 사육장을 이용해도 됩니다.

바닥에 아스펜베딩을 보통 1~2cm 정도 깔아줍니다. 그리고 안에 이런 물그릇을 하나만 올려놓고 사용해도 되고요.

더 넓은 사육장에 키울 때는 이런 코코넛 은신처를 넣어주면 됩니다. 사육 온도는 보통 24도에서 28도 정도면 충분해요.

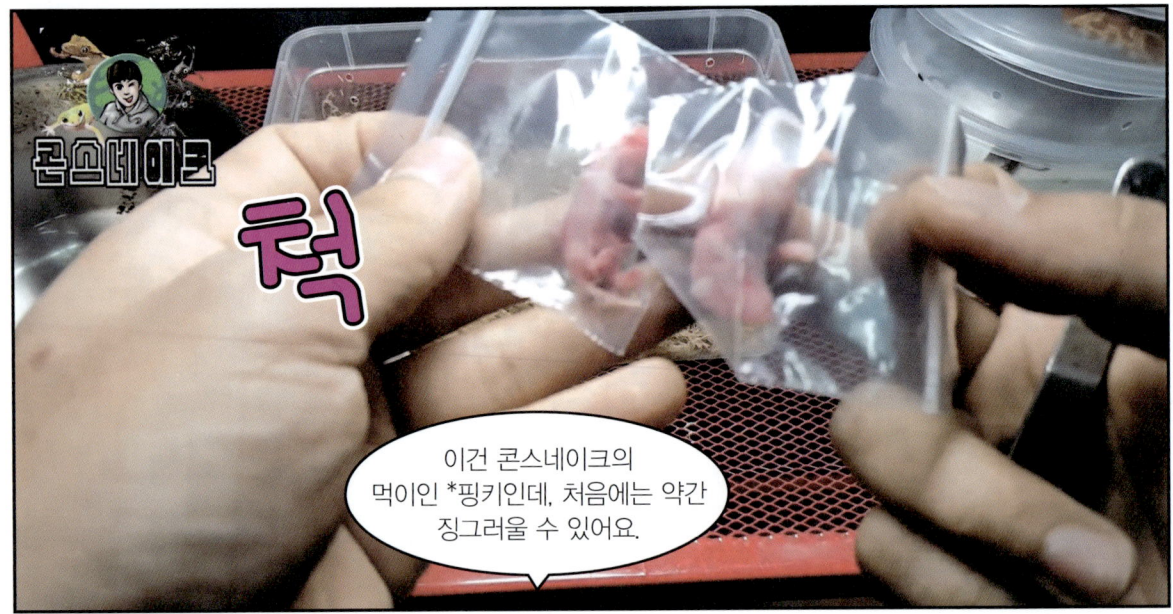

척

이건 콘스네이크의 먹이인 *핑키인데, 처음에는 약간 징그러울 수 있어요.

*핑키 : 먹이용 쥐예요.

킹스네이크

난 '왕뱀'이라는 뜻을 가진 이름만큼, 보통 뱀들보다 크고 강해! **2m 정도**까지 자라지. **도마뱀, 설치류, 새 등**을 강력한 힘으로 꽉 조여서 잡아먹고 심지어는 **다른 뱀을 잡아먹기**도 하지! 무섭다고? 걱정 마! 난 **독이 없고** 사람 앞에서는 **순한 편**이거든. 다른 뱀하고 같이 기르지만 않으면 별 일은 없을 거야!

킹스네이크의 종류와 모프 알아보기

킹스네이크의 종류는 캘리포니아 킹스네이크,
멕시칸 블랙 킹스네이크, 스칼릿 킹스네이크 등이 있는데,
모프는 아직 콘스네이크에 비해 많이 알려지지 않았답니다.
이중 스칼릿 킹스네이크는 독사인 산호뱀과
무늬가 정말 비슷해서 종종 오해를 받지요.

귀여움 ★★★
멋짐 ★★★
강인함 ★★
크기 ★★★

캘리포니아 킹스네이크

귀여움 ★★★
멋짐 ★★★★
강인함 ★★
크기 ★★★

멕시칸 블랙 킹스네이크

스칼릿 킹스네이크

귀여움 ★★★
멋짐 ★★★★
강인함 ★★
크기 ★★★

볼파이톤

안녕! 나는 볼파이톤이야. **볼 비단구렁이**라고도 하지. 왜 이런 이름이 붙었냐면, 내가 겁을 먹으면 **몸을 돌돌 말아서 머리를 숨기는데** 그 모습이 굵은 몸 때문에 **공처럼 보이거든!** 몸이 1.8m 정도까지 자라지만 몸이 워낙 굵어서 길어보이진 않아. 이래 봬도 난 **얌전하고 겁이 많은 편**이야. 귀엽다는 소리도 많이 듣는다고!

볼파이톤
- 귀여움 ★★★★
- 멋짐 ★★★
- 강인함 ★★★
- 크기 ★★★★

나뭇잎인 줄 알았지? 그린트리 파이톤

귀여움 ★★★
멋짐 ★★★★
강인함 ★★★
크기 ★★★★

이름은 비슷하지만 서로 달라요!
콘스네이크 vs 킹스네이크

◀ 콘스네이크
몸길이 : 다 자라면 1m 전후에요.
먹 이 : 자신의 머리 크기와 비슷한 비교적 작은 크기의 새, 동물을 잡아먹어요.
생김새 : 전체적으로 몸집이 날씬한 느낌이고, 몸 색깔은 아주 다양해요.

▲ 킹스네이크
몸길이 : 2m 정도까지 자라요. 다 자라면 콘스네이크보다 좀 더 커요.
생김새 : 보통 몸에 아주 선명한 가로줄 무늬가 있어요.
먹 이 : 도마뱀, 설치류, 새, 알 등 다양하게 먹으며 다른 뱀을 잡아먹기도 해요.

정브르의 볼파이톤&그린트리 파이톤 키우기

이번에 소개할 뱀은 GTP(그린트리 파이톤)입니다. 이 GTP의 두 가지 모프를 준비했어요.

이 친구들은 산지에 따라서 색깔이 아주 다양하고, 1.5~2m까지 성장을 하는데 온도와 습도 등 환경만 잘 맞춰 주면 집에서도 쉽게 사육할 수 있습니다.

이 친구는 GTP 쏘롱산지 레드폼입니다.

짜잔~

짜잔~

이 뱀은 볼파이톤입니다.

이 볼파이톤 몸에 기생충이 붙어있어요. 이 기생충을 제거하는 방법을 보여줄게요.

귀여운 친구죠?

콕

핀셋을 준비해서 이렇게 살짝살짝 건드려보면 들춰지는 게 있는데 그게 바로 기생충이 붙어있는 겁니다.

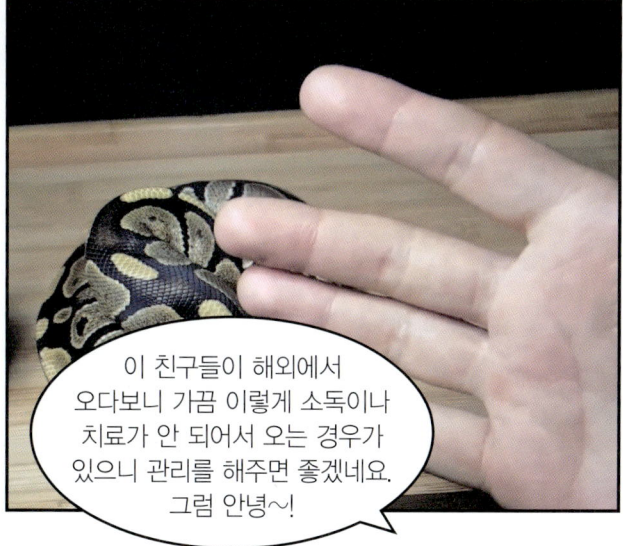

깜놀주의! 생물인 정브르의 신기한 파충류 도감

초판 1쇄 발행 2019년 8월 8일
초판 13쇄 발행 2024년 10월 31일

지 은 이 정브르
펴 낸 이 권기대
펴 낸 곳 (주)베가북스

출판등록 2021년 6월 18일 제2021-000108호
주   소 (07261) 서울특별시 영등포구 양산로17길 12, 후민타워 6-7층
주문 및 문의 (02)322-7241 팩스 (02)322-7242

ISBN 979-11-90242-04-2 76490

※ 책값은 뒤표지에 있습니다.
※ 좋은 책을 만드는 것은 바로 독자 여러분입니다.
   베가북스는 독자 의견에 항상 귀를 기울입니다.
   베가북스의 문은 항상 열려 있습니다.
   원고 투고 또는 문의사항은 vega7241@naver.com으로
   보내주시기 바랍니다.

홈페이지 www.vegabooks.co.kr
이메일 info@vegabooks.co.kr